當摯愛逝去

How to Live
When a Loved One Dies

Healing Meditations for
Grief and Loss

療癒悲痛與失去的禪修練習

一行禪師 Thich Nhat Hanh 著

何修瑜 譯

一如

我許諾死去時
會盡快回到你身邊
你無須等待太久

此刻我和你在一起
不是嗎？
我也在每一刻死去

我已多次越過生死
請看一看
看到我的存在

如果你想哭泣
請哭泣
並知悉
我會和你一起哭
你流下的淚水
會療癒我們彼此
你的淚亦是我之淚

編輯的話

本書收錄了一行禪師有關哀痛與失去的睿智教誨，以及由編輯們所編纂的梅村禪修中心的修習指引。我們希望這些修習有助你在面對哀痛與失去所愛的人時，放鬆心情，獲得安慰與療癒，對自己慈悲，並且使你重新與自己、與所愛的人，以及與生命中的一切建立連結。

目錄

悲痛

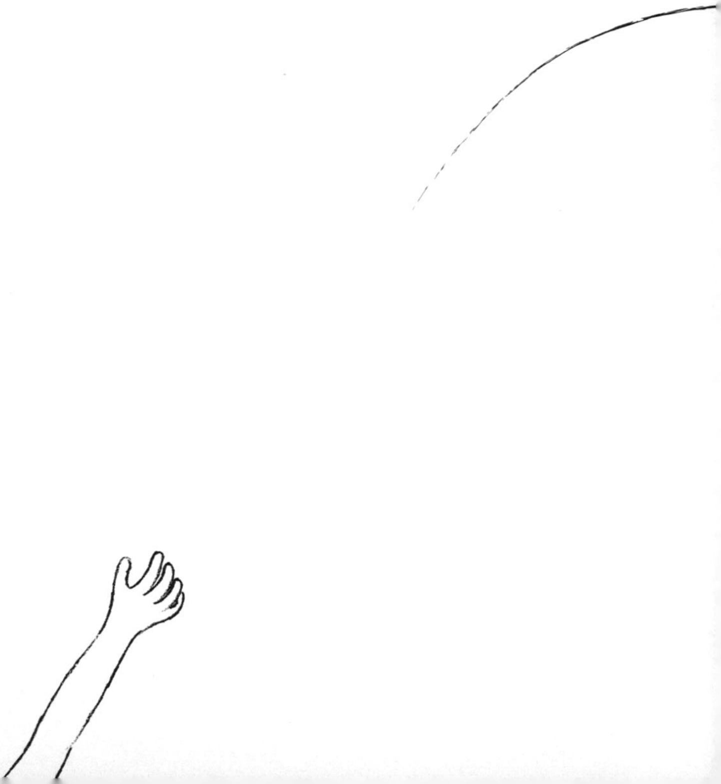

我們所愛的人在我們內在，我們也在他們之內
當我們所愛的人離世時，我們的某部分也死去了

有時我們認為自己的失去是巨大的，以致於再也快樂不起來失去所愛的人，心中會充滿難以言喻的痛苦，但是我們可以用眼淚傳達痛苦。我們可以哭，哭出來，就會感到好多了。

男人也可以哭。看見別人哭時我也會想哭。哭是人類的天性，哭能帶來安慰、釋懷與療癒。

如果你想哭泣
請哭泣
並知悉
我會和你一起哭
你流下的淚水

會療癒我們彼此
你的淚亦是我之淚

——〈一如〉

我踱步哭了
母親過世時
那天粉色的晨光
半夜卻刮起風來
多少眼淚
靜靜地流淌

——〈獅子吼〉

宛如暴風雨中的一棵樹

當痛苦湧現時，放下手邊所有的事，照顧你的情緒。把注意力帶回自己當下身體的狀況。

這項修習很簡單。手放在腹部，感受呼吸時腹部的起伏。把意識從頭頂往下帶到腹部，不去想讓你難過的事。在暴風雨中，樹梢的枝葉猛烈擺動，樹木看上去脆弱不堪，彷彿隨時會折斷。然而，當你把注意力放在樹幹上時，你會看到樹幹非常穩定，文風不動。你不再害怕，因為你明白這棵樹是堅強穩固的，它的根深入土壤，因此能抵擋風雨。

照顧自己：腹式呼吸

強烈的情緒就像暴風雨。如果我們懂得如何修習，就能度過這場暴風雨。受困於情緒風暴時，我們必須辨別是甚麼造成了情緒反應，無論那是一個想法、一個影像、一個聲音、一個碰觸或是在說話的某個人，我們都要暫時移開注意力，將所有的注意力帶回呼吸上。如果繼續注意或想著讓我們痛苦的事，我們的情緒會愈來愈強烈。

因此，我們修習腹式深呼吸。無論是站著、坐著或躺著，我們意識到呼吸。如果呼吸又快又淺，我們察覺到，然後把注意力從喉嚨和胸部往下移到腹部，專注於腹部的起伏。

這個修習很簡單：

吸氣，我覺知到腹部升起

呼氣，我覺知到腹部下降

如此暴風雨將逐漸平息，我們的呼吸和心會平靜下來，感覺更平和。

傾聽自己

當你痛失至親至愛、承受極大的痛苦時，我們需要有人坐下來慈悲聆聽你的傾訴。但更重要的是，我們以慈悲心傾聽自己。為此，我們需要學習深度傾聽的藝術。停下手邊正在做的事，回到自己。我們深觀以辨識和命名我們的痛苦，溫柔地擁抱它。深度聆聽自己的痛苦，就是對自己慈悲的表現。

照顧自己：覺知呼吸

當我們失去摯愛，尤其當事情發生得太突然和出乎意料時，我們也許會感到站不穩，無法呼吸。

首先要做的是重新站穩腳步。修習正念呼吸能幫助我們回到當下，回到身體。

如何讓加速的心跳和不穩定的呼吸平靜下來？其實很簡單——我們覺知呼吸，把注意力完全放在呼吸上。停止其他一切思考，跟隨一呼一吸，感受空氣進出身體。

⋮

繼續跟隨呼吸，感受清涼的空氣進入身體，注意空氣在離開身體時變得溫暖。我們逐漸意識到在呼氣和吸氣時，身體的哪些部分會動，並專注於腹部的起伏。

保持覺知，呼吸自然變得更輕盈、平靜與祥和。慢慢地，風暴將過去，我們的身心會平靜下來。

⋮

呼吸就像是在風暴雨海上的救生艇，救生艇的錨將你固定在身體。跟隨呼吸，留意身體的狀況，感受腹部的起伏。

當我們心煩意亂時，呼吸會變得快而淺，胸部緊繃。專注於身體的感受，覺察身體的收縮、緊繃和疼痛，盡可能將呼吸帶到這些部位，釋放所有緊張。保持覺知身體的感受與呼吸的流動，不要試圖改變或強迫自己做任何事，只需覺察當下身體的狀況。你的呼吸自然會開始變得平穩，身心放鬆和平靜下來。

無論身在何處，坐下或站立、走路或躺臥，我們都能修習正念呼吸。就只是跟隨呼吸，已能帶來許多祥和與慰藉。每當我們被悲痛、絕望或哀傷淹沒，呼吸是我們穩定而堅實的基礎，是我們的皈依處。

⋯

每次吸氣和呼氣，默唸以下字語有助於我們專注於呼吸：

吸氣，我知道我在吸氣

呼氣，我知道我在呼氣

吸氣

呼氣

溫和地跟隨整個呼吸，從始至終，保持專注和覺知。不要用力或試圖改變呼吸，只需觀察並隨順呼吸。如果走神了，溫柔地邀請你的心回到呼吸上。呼吸會自然平靜下來，慢慢變得緩慢深長。

吸氣，我跟隨吸氣，從始至終

呼氣，我跟隨呼氣，從始至終

跟隨吸氣

跟隨呼氣

保持專注，時間愈久愈好。正念呼吸能將你的心帶回身體，帶回當下。覺察你的身體，記得你有個身體。釋放所有緊張，包括臉部、肩膀與橫隔膜的緊繃。讓你的身體放鬆，這是恢復安康的第一步。

…

將手放在腹部，感受腹部的起伏。現在，你可以一邊跟隨呼吸，一邊對自己說：

吸氣，我覺知整個身體

呼氣，我放鬆全身的肌肉

覺知身體

放鬆身體

吸氣，我讓身體平靜下來

呼氣，我微笑

平靜

微笑

溫柔的微笑能放鬆臉部所有肌肉。如果我們能對自己的痛苦微笑，就已經感到釋懷。無須等到想笑時才笑。有時候，我們感覺很好，因此笑了。但有時候，我們是笑了之後才覺得好了些。神經科學的研究結果也與此一致。你的笑容彷佛在說：「這不是世界末日，即使我感覺好像是。」

如果這樣做比較容易，你也可以在每次吸氣與呼氣時重複以下簡短的引導，將覺知安住在這些關鍵詞。你也可以選擇其他字語：

入，出

深，慢

平靜，自在
微笑，放下

跟隨這些引導，正念呼吸。注意你的呼氣通常比吸氣長。在呼氣結束時，細細體會中間的停頓。放鬆身體，讓所有的緊繃慢慢消散。

坐立不安時

如果覺得難以將注意力回到呼吸上，無法緩和強烈的情緒，那麼出去走走會有幫助。

我們帶著正念行走，覺知內在與周圍在發生甚麼。如此，我們回到自己，在當下以及在大自然中得到依靠。行走時，放下對過去的懊悔和對未來的擔憂，全然安住於此時此地。我們讓自己接受大地、天空、陽光與清新空氣的滋養。一邊走，一邊讓心休息。我們平和地安住於此時此地，讓大自然療癒我們。

我們如一個自由人般行走。把意識帶到腳底，不要讓它留在頭部。感受腳底與地面的接觸。

行禪

行禪能使身心一體，恢復平靜。每一步我們把心帶回當下。平靜地行走，做自己的主人，放下悲傷與擔憂，釋放到大地。如果這些感受再次生起，只須對它們說「你好」和「再見」。不要強迫自己不去感受悲傷，只需覺知這些感受，溫柔地讓它們離開，回到呼吸和腳步。

行禪時，呼吸結合腳步。吸氣時，可以走兩至三步。呼氣時，或許你會想多走幾步。讓呼吸與行走的韻律自然發生，只要符合你呼吸的節奏即可。你可以用字詞來協調腳步與呼吸。吸氣時，走兩或三步，我們說：「我已到了。」呼氣時，我們可以說：「已到家了。」每一步，我們到達了，到家了。我們到達當下，沒有迷失在過去或未來。全然安住於當下此刻，我們感到安全、平靜、自在。你也可以說：「每走一步，我回到我的根源。」我們也可以用其他喜歡的字句。

行禪時，我們的身心合而為一。行禪是非常美好的修習，幫助我們回到自己，從大地母親那裡得到療癒。

照顧自己：在行禪中得到慰藉

感受到壓力與悲傷的時候，行禪是重建身心平和安定的好方法。每天花些時間在大自然行走，能讓我們重新與身體、大地以及生命的奇蹟連結。大自然能夠接納和轉化我們的痛苦。

行走時，我們不以要抵達何處的目標而走，只為了行走的喜悅而走。我們享受每一步，享受我們的呼吸，將痛苦和悲傷釋放到大地。每一步將我們帶回當下此刻，生命只存在於當下。

我們覺知呼吸，覺知雙腳與大地的接觸。我們感覺到臉上溫暖的陽光，皮膚上的微風。我們意識到鳥兒的歌聲和周圍花草樹木的香氣。我們享受每一個步伐。每走一步，我們在大地上留下和平的印記。我們可以在公園或其他美麗寧靜的地方行走。行禪滋養我們的靈性，強化我們的正念，幫助我們療癒。

⋯

行走時，我們可以牽著已經離世的摯愛親友的手，和他們一起走。我們的雙腳就是他們的雙腳，我們的眼睛就是他們的眼睛。看到美好的事物，譬如藍天、夕陽、樹木或動物，我們可以停下腳步，讓眼前的景象滲透意識，深深地滋養我們。我們不只讓這美景滋養我們，也讓它滋養我們心中所愛的人。我們享受一切，這不只是為了自己，也是為了已經離世的摯親。

⋮

邁著輕柔的步子，想像你正用雙腳親吻大地。將注意力帶到腳底，感受雙腳與大地的接觸，讓大地支持你。每走一步，你真正回到當下。如果你還沒有到達，請停下腳步，直到你全然的到達此時此地。配合呼吸和步伐，讓兩者互相溝通。呼吸時，你可以數走了多少步。步數取決於你呼吸的長短。吸氣，走兩至三步。呼氣時，走三至四步。「一、二；一、二、三」或是「吸、吸；呼、呼、呼」。

你也可以念一首偈頌幫助你集中注意力。根隨腳步和呼吸的節奏，用一個字或一個詞語伴隨每一步。

我到了，到家了
在此時，在此地

或簡單地說：

到了，到了
家，家，家

皈依內在島嶼

有時候，人生彷彿是波濤洶湧的海洋，這時要記住我們內在有一個平靜的島嶼。萬物無常——來與去、愛與恨、生與死——萬事萬物都在變動之中。安住於內在的島嶼，你是安全的。你皈依內在島嶼。

吸氣，走兩步，說：「皈依。」呼氣，走兩至三步，說：「內在島嶼。」

吸氣，我回到內在的島嶼
在這島嶼上有美麗的樹

還有清澈的小溪，有小鳥、陽光，和空氣
呼氣，我安住
我享受回到我的島嶼

有時需要別人的幫助

有時我們遭受的痛苦太巨大，一個人承受不了。在痛苦可能淹沒我們的時候，我們可以尋求他人的支持。一起修習正念的人，能提供這樣的支持。集體的正念能量，有力量承載我們的痛苦與悲傷。深度聆聽和愛語的修習，為我們帶來慰藉。一起坐禪與行禪，雙腳接觸大地，是非常療癒的修習。

我們容許集體的正念能量辨識和擁抱我們的痛苦。獨自承受痛苦造成沉重的負擔。因此，我們將痛苦交托給群體。「親愛的朋友，這是我的痛苦，這是我的悲傷，這是我的絕望。請幫助我辨識它，承載它。」

我們成為覺醒能量之河中流動的一滴水，我們會感覺好多了。集體的正念能量帶來轉化、力量和療癒。

步步安樂行

平靜就在我們周圍，也在世界和大自然中。平靜在我們之內，也在我們的身心。正念行走澆灌了已經在我們內在的平靜種子。正念踏出的每一步，幫助我們培養在任何時刻接觸平靜的習慣。

心能飛向千萬處
在這道上行禪我心安然
每一步微風徐來
每一步蓮花盛開

度過情緒風暴

感受來又去
就如風中雲
身心常安住
正念呼吸中

一次呼吸

療癒從吸氣開始。沒有通往療癒的路，療癒就是道路。

當我們正念吸氣時，我們把心帶回身體，身心合一，心不再馳騁。有時我們需要的就只是一次呼吸。

情緒不是我們的全部

此刻，你或許覺得你的人生難以忍受，然而一切無常。我們的情緒會變化、來來去去。這樣的洞悉能拯救你的生命。一種情緒生起，停留一會兒，然後離去。一切現象的本質皆是如此。

你不僅僅由情緒組成，你也是由身體、感受、認知、心行與意識組成。你是你身、語、意的行為。你是你的抱負，你去愛和理解的能力。你與生命的一切相連，你存在的領域無邊無際。

深呼吸，將注意力集中在腹部的起伏，情緒就不會把我們淹沒，或使我們做出毀滅性的行為。一旦有了一次平復強烈情緒的經驗，你就有自信下一次也能如此。

回歸大自然

大地是我們的家，是我們真正的母親。在悲傷和失去時，我們可以回到孕育我們的大地。大地能擁抱我們，擁抱我們所有的哀傷與絕望。她隨時準備好接納你，她的雙臂永遠為你張開。大自然邀請你倚偎在她關愛的懷抱，釋放你的痛苦。我們尋求的慰藉就在足下，在我們周圍。在大地上正念踏出的每一步，能夠療癒我們。

皈依大地

當我們感到脆弱不安穩時，我們可以回到家，皈依大地。每一步我們感受腳下堅實的大地。當我們真正接觸大地，我們能感受到她無盡的慈悲、沉穩與無分別，以及她療癒的能量。我們回到大地，將自己交托給她。

當我們懂得如何回歸大地母親，我們會感到滋養，重新獲得平靜。大地母親有滋養的力量，她接納我們的痛苦，療癒我們。與腳下堅實的大地重新連結，我們感受到深刻的療癒。我們為她的雄偉而歡喜——她的高山、湖泊、無垠的藍天、蜿蜒的河流及深海。陽光每天溫柔地撫慰與擁抱我們，照亮我們的年月，將光帶入我們的生命。

如果能夠回到自己，安住於內在的島嶼，我們成為自己的家，同時能成為他人的依靠處。用全部的身心行走，你就能出離憤怒、恐懼與絕望。每一步都能傳達你對大地母親以及對你自己的愛。

行走時，你可以說：

每一步
我回到大地的懷抱
每一步
我都回到我的根源

每一步
我皈依大地母親

平復痛苦的感受

同樣地，我們可以用平靜呼吸和身體的修習來平靜感受。回到呼吸，識別、擁抱與平靜哀傷、悲痛和失落的感受。這就是修習：不要推開痛苦的感受，而是溫柔地識別、命名和擁抱這些感受，就像母親擁抱哭泣的嬰兒那樣。

辨識與命名痛苦的感受，能減輕它們作用於我們的力量。重要的是，要知道我們感受到甚麼。我們平靜的呼吸和慈悲的接納，將會平靜這些強烈的情緒，讓它們自然而然轉化。

如果有幸在你身處的環境中有其他人修習正念，我們會從正念的集體能量中受益。

是甚麼使我們無法在當下這一刻感到喜悅？我們痛苦的真正本質是甚麼？我們可以學著以其真名呼喚自己的感受。

照顧自己：擁抱和平靜痛苦的感受

找個安靜的地方坐下來，跟隨呼吸，利用以下的提示引導你。這些禪修引導伴隨你的吸氣和呼氣。吸氣時修習第一句，呼氣時第二句。每句結束時，你可以閉上眼睛，跟隨關鍵詞享受幾次吸氣和呼氣。

覺知我的心理狀態，我吸氣
對我的心理狀態微笑，我呼氣
覺知心理狀態
微笑

感受內在的悲痛，我吸氣
對悲痛微笑，我呼氣
感受悲痛
微笑

感受內在深沉的哀傷，我吸氣
對哀傷的感受微笑，我呼氣
感受深沉的哀傷
微笑

就算心生抗拒，也請你繼續做。你或許笑不出來，但即使是微笑的念頭已能讓我們得到慰藉。

擁抱我的痛苦感受，我吸氣
對我的痛苦感受微笑，我呼氣
擁抱感受
微笑

撫慰我的痛苦感受，我吸氣
感覺釋懷，我呼氣
撫慰

釋懷

皈依當下此刻，我吸氣
微笑接受，我呼氣
當下此刻
微笑接受

當你被強烈的情緒如悲痛、哀傷、憤怒或絕望淹沒，你可以進行如上述的禪修引導，讓自己平靜下來，感到安慰。

當我們能辨識、命名和擁抱我們的困難情緒時，情緒自然會平靜下來，騰出空間給其他事物。

被悲痛淹沒

如果讓痛苦浮現，佔據我們的心，我們很快就會被痛苦壓垮。因此，我們邀請另一種能量同時生起，那就是正念的能量。

有了正念的能量，我們就能辨識痛苦，像母親擁抱哭泣的嬰兒那樣，溫柔地擁抱痛苦。嬰兒哭泣時，母親會放下手邊所有的事，溫柔地懷抱嬰兒。母親的能量滲透至嬰兒，使嬰兒感到舒緩。

正念的功能，首先是覺知痛苦的存在，然後藉由辨識和擁抱痛苦，對痛苦加以照顧。重要的是要知道我們所感受到的是甚麼。辨識讓我們受苦的原因，才有可能得到轉化、平靜和喜悅。

當我們能夠擁抱悲傷與痛苦、憤怒與恐懼，以正念的能量辨識痛苦的根源，我們就能辨識所愛之人的痛苦。

正念的奇蹟

正念能治療我們，轉化我們的哀痛與悲傷。正念的能量幫助我們覺知此刻在我們內在和周圍在發生甚麼。修習正念呼吸、坐禪和行禪，改變我們的生命是可能的。如果我們能夠在做基本的事情時保持正念，那麼在痛苦的感受與情緒浮現時，我們會更容易加以照顧。

滋養自己

修行正念，我們開始更意識到自己的痛苦，但也許我們還沒有足夠的力量轉化痛苦。要擁有全然面對並擁抱痛苦的力量，重要的是我們與內在和周圍許多清新美妙的事物保持連結，例如樹木、藍天、孩子的雙眼或落日等。我們需要堅定的基礎，以能有足夠的力量面對痛苦。當我們平靜安穩，當我們培養了足夠的祥和喜悅，就能深觀我們的痛苦。正如外科醫生判斷病人太過虛弱無法動手術，因此建議病人先休養身體、攝取營養，好讓身體夠強壯，才能經得起手術過程一樣，我們也必須加強喜悅與幸福的基礎，之後才能深觀我們的痛苦。

培養正向情緒

心就像大地，各式各樣的種子深埋其中。我們的心識深處埋藏著的種子，有些是美善的種子，有些則否。當我們澆灌這些種子，它們會發芽，並在意識中顯現為心行。我們的心識裡有天堂也有地獄。我們都有幸福、慈悲與理解的能力，但如果把注意力只放在負面的情緒，尤其是悲傷和痛苦，那就會澆灌我們憂愁、絕望和無望的種子。這些種子會發芽茁壯，根基愈來愈牢固。因此，要澆灌哪些種子是非常重要的選擇。我們需要正向的養分，才能培養幸福喜樂。我們修習適當的注意，選擇要澆灌哪些種子。藉由與內在和周圍的正向事物保持連結，我們澆灌了內在的美善，由此接觸到一直為我們存在的生命奇蹟。

照顧我們的痛苦，方法之一是邀請與之相反的種子浮現。萬物的存在都有其反面，如果你有絕望的種子，那麼你也有希望的種子；如果你有沮喪的種子，那麼你也有喜悅與活力的種子。

當澆灌了如絕望等負面種子時，我們可以邀請正念種子生起，擁抱負面種子，幫助辨識我們的感受。感到寂寞時，知道自己正感到寂寞，我們加以覺知。辨識感受能即時產生影響，減弱負面種子的力量，強化正面種子的根基。人人都有慈悲的種子，如果你每天修行慈悲和正念，內在慈悲的種子會逐漸茁壯，成為有力的能量來源。愈是培養內在的平靜、喜悅和幸福，悲傷與絕望就會自然而然退去。

我們不必打倒或推開甚麼，只需試著選擇性地澆灌好的種子，不澆灌負面種子。但這不代表我們忽略痛苦，這只表示我們讓已經存在的正面種子得到關注與滋養，讓它們成長茁壯，開出美麗的花朵。

停下來，深觀

當我們快要被痛苦淹沒時，首先要做的，是放下手邊的事，把注意力放在呼吸上。有意識地跟隨呼吸，不要試著忽略或壓抑不舒服的情緒。

吸氣，我知道我在吸氣

呼氣，我知道我在呼氣

注意呼吸，直到你開始平靜下來。

吸氣，我知道我在受苦
呼氣，我向我的痛苦問好

這就是在修習「止」和「觀」。止觀是禪修的雙翼。我們停下手邊的一切事物，回到呼吸，以便深觀、辨識和照顧正在發生的。

照顧自己：停下來休息

為了舒緩身心的痛苦與緊張，無論有多忙碌，或者感覺有多好或不好，我們都可以在一天之中每隔一段時間稍停片刻。我們可以試著停下來幾秒鐘或幾分鐘，呼吸、休息、放鬆，以及療癒，如此就能防止我們的身心累積壓力和緊張，讓我們能修復身體。

當我們停下來並讓注意力回到身體，我們就能接觸到正向的元素。我們可以隨時碰觸唾手可得的生命奇蹟。我們會感到平靜，可以用更清晰的眼光看待事物。停下來時，我們可以接觸到平靜與喜悅，微笑再現。

身與心是現實的一體兩面，心太過緊繃、充滿憂慮時，會影響身體。因此我們要修習「止」——停下來，不再奔跑。每個呼吸和步伐把我們的心帶回身體，帶回當下。行走時，享受每一步，**真正地**享受每一步，釋放你的悲傷、憂愁和焦慮。當這些感受再次現顯時，只需說「你好」和「再見」，無需強迫自己、奮力掙扎或感到難過。就只是承認這些感受，然後溫柔地放下。每次當其中一種痛苦的感受回來時，我們只要再次揮揮手說你好和再見。「你好，我的悲傷，我的絕望。我知道你在那裡。再見，我的悲傷，我的絕望。」慢慢地，我們變得更放鬆，隨著時間得到療癒。

沒有淤泥，沒有蓮花

愛與理解是從苦痛的淤泥中開出的蓮花。沒有淤泥，就沒有蓮花。我們必須用泥土來栽種蓮花。唯有我們與痛苦保持連結，理解與慈悲才能生起。

我們知道，要培養理解與愛，痛苦扮演著重要的角色。因此，我們不逃避，反而要擁抱痛苦、深觀苦，以便理解它。有了理解，我們就能夠愛。當我們能理解和愛，痛苦會減輕。

照顧自己：為療癒而坐禪

我們都需要一個能靜下來並能單純地待著的地方，尤其是在發生危機或混亂的時候，我們更需要一個能坐下來跟隨呼吸的安全避風港。在家裡找一個或創造一處寧靜的地方，讓你能坐下來，平靜不受打擾。你或許想布置一個小小的聖壇或角落，上面擺放有助於創造禪觀與平和氛圍的花朵、香和蠟燭。這空間應該是一個宜人的避風港，有撫慰心靈的圖像、氣味和聲音。任何時候只要有需要，你都能回到這寧靜的地方。

坐禪並不困難，它不是件苦差事。許多人認為坐禪是靈修的人或身體柔軟的人才能做的事，但事實上坐禪並沒有甚麼奇特之處，任何人都做得到，你只需要找一個寧靜的地方坐下來。

禪修是讓奔馳的心止息、深觀萬物的一種練習。坐禪讓我們很快和有效地停息。坐著時我們不說話或移動，讓身心平靜下來，這無需花很多時間，只要幾分鐘。不要讓心被懊悔過去或擔憂未來帶走，我們可以回到當下。當下的我們是安全的，我們能接觸真正的平靜。我們能掌握的唯有當下的生命，如果我們不在當下，就錯過了人生。

停下一切，坐下來，跟隨呼吸，是回家之道。當我們將心帶回身體，建立起平和與寧靜，就能獲得慰藉。平靜時，事情看起來會不一樣——我們可以更清楚地看一切。

想像有一杯剛榨好的蘋果汁，一開始這杯果汁是混濁的，我們看不透。但如果把果汁放一會兒，果肉沉澱後，果汁就變清澈了。這杯果汁經過了一陣子「坐禪」之後，看起來就和水一樣完全透明。當我們坐下來跟隨呼吸時，我們的心也一樣——一切都會沉澱、平靜下來，我們變得更清澈。我們以不同的觀點看待事物，以念和定深觀，就能產生慧，由此獲得轉化與療癒。

如何坐

你可以坐在地上或椅子上。坐在地上能讓我們更靠近地面，有助於我們將心帶回身體，從頭腦中解放出來。你可以盤腿坐在坐墊上，或跪坐在小板凳或蒲團上。

找個舒服的坐姿，背部挺直但不僵硬，肩膀放鬆，雙手輕放在膝蓋。坐在坐墊或椅子的前緣，脊椎保持挺直放鬆。如果你盤腿而坐，讓膝蓋碰觸地板，如此一來姿勢就能保持穩定，不必花力氣挺直身體。如果是坐在椅子上，讓腳底接觸地面，或是把雙腳平放在坐墊或腳踏上。

把意識帶到吸氣和呼氣，你的呼吸會自然地愈來愈深沉、緩慢平和。呼吸時應該覺得愉快，只要坐著讓身體平靜下來，就能帶來自在幸福的感受。純粹為了坐時感受到的喜悅與滋養而坐，放開思緒，跟隨呼吸。

現在把意識帶到身體，放鬆身體，釋放身心累積的緊張，正念呼吸把心帶回身體。

你的身體是一個奇蹟，當你能接觸身體的美妙時，療癒立刻開始。在當下身心合一，你能接觸到真正的平靜。

為了坐而坐，是我們能給予自己的慈悲之舉。

照顧自己：看見所愛的人在你內在

所愛的人離世時，我們可能忽然覺得被遺棄或感到孤獨，覺得我們永遠失去了他們。我們或許會很苦惱，覺得與他們失去連結。然而，當我們重新與自己連結時，我們也再次與所愛的人連結，與我們的先祖連結，與整個生命之流連結。當我們回到自己，就能碰觸到在我們內在所愛的人。

父母是我們最親近的先祖。我們知道，以基因來說，所有的先祖都活在我們每一個細胞裡。他們沒有死去，我們不只帶著他們的基因，也帶著他們一切思想、信仰、經歷以及抱負。我們帶著他們的三業——身、語、意的行為——進入未來。你無法把你所愛的人從你身上移去，即使你想這樣做，就好像你無法把父親或母親從你身上移去。一切事物都在所有其他事物中，只要洞悉相關相緣，即是「相即」的道理，你就能明白你是你的父親，你也是你的母親。如果你生父親或母親的氣，你就是在生自己的氣。同樣地，如果你生孩子的氣，你就是在生自己的氣。孩子是我們的延續，他們將我們帶向未來。

對我們所愛的人而言也是如此。即使我們沒有血緣關係，他們依然在我們心中，我們無法將他們移除。我們所共享的經歷，以及他們身、語、意的行為，無法被抹去或從我們身上取走。我們只需進入內心，重新與自己連結，就能再次與他們連結。

以下簡短的禪修引導，能幫助我們觀想所愛的人在我們內在的事實。在引導文中，我們也可以將所愛的人換成「母親」、「父親」、「祖母」、「祖父」或「所有的祖先」，感受我們與內在每一位祖先的連結，接收他們的能量與支持。

吸氣，我在身體每一個細胞裡看見所愛的人
呼氣，我向在我身體每一個細胞裡所愛的人微笑
我所愛的人在我的每一個細胞裡
微笑

吸氣，所愛的人和我一起吸氣
呼氣，所愛的人和我一起呼氣
所愛的人和我一起吸氣
所愛的人和我一起呼氣

吸氣，我用所愛的人的肺呼吸
呼氣，我們的身體放鬆了
用所愛的人的肺呼吸
我們的身體放鬆了

吸氣，我用所愛的人的眼睛去看

呼氣，我用所愛的人的耳朵去聽
用所愛的人的眼睛去看
用所愛的人的耳朵去聽

吸氣，我看見我是這美麗生命之河的一部分，不斷向前
流淌千萬年
呼氣，我微笑著將自己託付給這生命之河
生命之河
託付

在當下療癒過去

過去沒有真正消失，它還在這裡，我們可以接觸它。我們或許對過去的事物感到愧疚，認為我們無法回到過去修正錯誤。其實，接觸當下，我們仍能碰觸到過去的痛苦與傷口。我們或許認為離世的人——我們的愛人、家人、祖先或朋友——已經不在了，但如果我們懂得如何深刻地接觸當下，就會發現他們還在。他們活在我們內在，我們還是能和他們說話。

譬如，以相即之眼來看，我看到我內在的母親仍活著。我是她生命的延續，我是我的母親，我的母親也就是我。在當下這一刻療癒過去的傷口是可能的，即使那人已經離世，還是能夠向他道歉和表示悔意。

「母親，對不起，我知道因為不善巧，我傷害了你。我再也不會那樣說話，請原諒我。」當我內在的母親聽到這些和解的話語時，她微笑了，我的傷口得以癒合。

藉由接觸當下，你能療癒過去的傷口，這是正念的奇蹟。

讓情緒流淌

不要害怕痛苦的感受和難以處理的情緒。如果我們試圖壓抑痛苦的感受，會造成缺乏循環的心靈狀態，導致憂鬱或其他心理問題。正如身體需要良好的血液循環才能維持健康，我們也需要良好的心理循環。我們要讓感受和情緒保持循環。如果痛苦浮現，我們用正念擁抱它，不要試圖推開它。

正念是我們心靈的血液，就像身體裡的血液一樣，它有減少毒素和治療痛苦的力量。每當痛苦被正念擁抱，它就失去一些力量。如此，痛苦的力量會愈來愈弱。這樣一來，我們就在心靈中創造了良好的循環。當正念循環於意識，我們開始體驗幸福，知道正念與我們同在，準備好擁抱並轉化痛苦時，我們就無需害怕痛苦。

出路在內

我們必須為自己而在，才能理解自己的痛苦與困難。我們必須回到自己，看向內在。該做的第一件事，是辨識與承認我們在受苦。如果能承認自己在受苦，就有機會轉化痛苦。第二步是有勇氣深觀我們的痛苦，聆聽它，擁抱它，理解它的本質。許多人盡其所能逃避自己，因為害怕那樣會碰觸到心中的痛苦，令我們難以承受。這就是為甚麼我們必須訓練自己修行正念。修習正念呼吸、坐禪與行禪，能產生使我們更強壯的能量。

深觀，就有機會理解我們的痛苦，看見出路。往內在去照顧痛苦的感受與情緒，才有轉化的可能。出路在內，當我們理解自己的痛苦時，它就能轉化，使我們煥然一新。

照顧自己：聆聽正念鐘聲

減輕壓力、痛苦與不安的有效方法之一，是當我們聽到「正念鐘聲」時，放下手邊的事，至少做三次深呼吸。在寺院或禪修中心，鐘聲在我們所做的每個活動前後，有時候在活動之間響起許多次。世界上有許多「鐘聲」，如電話鈴聲、簡訊或通知鈴聲、鬧鐘聲和警鈴聲等。這些都是正念鐘聲，鐘聲是我們的朋友，提醒我們停下手邊的事，回到自己，回到當下。

無論何時，只要聽到鐘聲，我們就停止一切動作，不管是身體動作或是思緒。我們不再被思考或擔憂牽著走，而是跟隨呼吸。我們跟隨一呼一吸，至少三次完整的吸氣與呼氣。我們將覺知帶回身體，釋放身體的所有緊張。我們也同樣將覺知帶回心，意識到我們正在想些甚麼，以及我們的感受如何。我們只需單純地去辨識，覺知我們的思緒和感受，然後放下。這項修習非常簡單，能立即帶來慰藉與平靜。我們在整天之中這樣修習，能強化「正念的肌肉」，有助於我們在最艱難的情況下保持平靜。

我們可以善用許多不同的「鐘聲」，如禪堂的鐘聲、教堂的鐘聲、一般時鐘的報時聲，甚至開車時遇到的紅燈，都能當作正念鐘聲，呼喚我們回到真正的家。你可以發揮創意，找到自己的正念鐘聲，承諾自己無論何時聽到鐘聲都會停下來。你也可以將正念鐘聲下載到電腦或手機，設定讓鐘聲定時響起。那麼你就能在每次聽到鐘聲時放下手邊的事，停息片刻。停下來、呼吸、放鬆、放下，這是將計時器歸零，接觸片刻平靜以及全然地活著的寶貴機會。聆聽鐘聲時，你可以說：

靜聽，靜聽
這美妙的聲音
帶我回到
真正的家

以真正的名字呼喚情緒

心就像是一條河，而心行，也就是感受與情緒，是一顆又一顆的水滴，形成水流。禪修就是坐在心之河的岸邊，在每一次心行浮現時辨認它。不必試圖對抗或抓住任何心行，只要覺知心行和呼喚它的名字，如此心行便會自然而然平靜下來。

修習正念呼吸與行走，能產生足夠的正念能量，使我們無所畏懼地回到自己，回到家。我們不會冒著被痛苦感受和情緒壓垮的危險。藉由正念的能量，就能辨識這些感受和情緒，對它們笑著說：「你好，我的痛苦、我的寂寞、我的悲傷，我知道你們在那裡，我會好好照顧你們。」、「你好，我的憤怒、我的悲傷、我的恐懼，我不會再逃避你們，我會下定決心好好照顧你們。」

我們可以列出一份感受與情緒的清單，以便辨識它們，喚出它們真正的名字。

知道如何處理痛苦的感受與情緒非常關鍵，將憤怒或悲傷的情緒轉化為理解、接納與慈悲，是有可能的。

修習正念，我們學習如何生出喜悅與幸福，令心喜樂，創造美麗的內在風景。喚出感受的名稱很有幫助：「你好，我的喜悅、我的平靜、我的快樂，我知道你在那裡，我非常幸福。」

痛苦的第二支箭

當一支箭射向你時，你會感到疼痛萬分，然而當第二支箭射到同一個位置，那不只是加倍疼痛，而是十倍的痛。失去所愛的人是第一支箭，你感到失去與哀傷的痛苦，而擔憂、焦慮和陷入絕望的情緒，就宛如第二枝箭。

感到痛苦時，請吸氣和呼氣，辨識那痛苦，但不要誇大痛苦，不要射出第二枝箭。內疚、自責與懊悔，往往是我們射向自己的第二枝箭。

向離世的人道歉

如果我們曾經對所愛的人說過苛刻的話，而他們已經離世，比如是我們的祖母，我們還是可以重新開始。只要坐下來，修習正念呼吸，請我們內在的祖母出現。我們對她微笑，誠懇地說：「祖母，我很抱歉，我不會再對你說那種話了。」我們會看到祖母在微笑。這項修習能帶來平靜，使我們回復清新，並帶給周圍的人和後代子孫許多的喜樂幸福。

照顧自己：如何重新開始

即使所愛的人離世已久，內疚、自責與懊悔仍會讓我們感到難以承受的痛苦。有時候，我們帶著這些情緒度過許多年，而每一次想到懊悔之事都會感到痛苦無比。

我們或許因自己說過一些不友善或缺乏愛心的話而愧疚，又或是因為在所愛的人離世前沒有對他們說某些話而後悔。也許我們過去的行為傷害了逝去的人，因而感到自責，或是懊惱忽略了某些重要的事沒有做到。我們往往後悔沒有在所愛的人生前善待他們，或是沒有足夠地對他們表達愛。現在可能感到為時已晚，但我們無需後悔——所愛的人仍活在我們內在，我們可以隨時和他們交談。我們可以為自己的不善巧道歉，請求他們原諒。我們可以對他們微笑，說些我們想說但沒有機會說的話。現在說出來，他們會聽得到。即使所愛的人已經逝去，我們還是可以和他們重新開始。

寬恕的恩賜

失去所愛的人時，我們往往肩負著內疚的重擔，特別是在他們突然離世、我們沒有時間向他們道別的情況下。如果我們所愛的人死於車禍，或是因為無法忍受他們的苦痛而自殺時，我們也許會感受到難以承受的悲傷和悔恨。

我是否能阻止這件事發生？我為甚麼沒有在他身邊，為他付出更多？我如何能原諒自己造成的痛苦？所愛的人已不在世，我該如何道歉，請求他原諒？這些都是失去所愛的人時會問的問題。

當所愛的人離世時，我們或許會痛哭或折磨自己，因為我們還記得當他們在世時，有些時候我們待他們不好。在內疚的作用下，我們痛苦不堪。

要承認我們太忙，沒有時間陪伴所愛的人，不夠瞭解他們所受的苦，是非常困難的事。

我們必須明白，人偶爾會犯錯，都有不善巧的時候，但我們可以從錯誤中學習。正念修習能轉化過去。對於無常的領悟，也能使我們解脫。有了這樣的洞見，我們可以在今天盡其所能讓所愛之人幸福。不要等到明天，因為明天可能太晚了。

我們也要培養對自己的慈悲，原諒自己，發願從現在開始做得更好。懂得如何做得更好，我們就不會覺得那麼痛苦。我們不再為內疚而受苦。我們可以開始敞開心扉地談論死亡——父親、兒子、伴侶和兄弟姐妹的死亡。這對我們而言，是個學習以不一樣的方式生活的好機會。已經離世的親友，我們無法予以幫助，但是今天我們仍能幫助許多還活在世上的人。

事實是，我們可以從過去的牢獄中解脫。我們可以下定決心、立定志向，幫助社會上有需要的人——貧窮、患病、年老、無家可歸或是受虐待的人。幫助他人，即是療癒自己。

照顧自己：寫一封信，和所愛的人重新開始

為了幫助自己從自責中解脫，我們可以寫封信向已經離世的人道歉，請求他們原諒，我們稱這封信為愛之信。當然，我們不用寄出這封信。我們可以把信放在一個特別的地方——如放在我們為所愛之人設置的紀念處，或者放在他們的照片旁——我們可以不時重讀這封信，澆灌內在慈悲與寬恕的種子。寫一封這樣的愛之信，能帶來轉化與療癒，它能療癒我們所愛的人，也能療癒我們自己。

讓自己有充裕的時間來寫這封信。開始寫信之前，深觀自己以及這段關係的本質。對自己誠實。溝通為何那麼困

難？當時為何快樂不起來？深入觀察，並問自己：在我倆關係的窘境中，我的難處是甚麼？對方的難處是甚麼？導致這些窘境的因素是甚麼？你是否能看到，你們兩人都已在各自的條件下盡力而為。

如果我們知道自己的話語和行為深深傷害了對方，因此感到懊悔，我們可以道歉。「請原諒我。我所說的話很傷人，我知道我讓你很難受。我非常後悔自己說了那些話，希望你原諒我。我那樣說是因為我在受苦，但現在，我把情況看得更清楚，我會盡我所能在未來不重蹈覆轍。」表達悔意，有助於緩解你的痛苦。

寫信前的觀思

寫愛之信時，我們需要深觀。下筆前深入、誠實地反思以下幾點，並摘下你的所思所想。

承認你的短處和不足，以及你與所愛之人的關係中所有希望作出改變的事情。

也承認你正向的特質、你做了哪些好事——你美好的意願，你的善意與關愛，或是慷慨大方的思想、話語或行動。列一份清單，盡量平衡清單上你滿意和不滿意的事情。

深觀哪些原因和條件塑造了現在的你，包括你的童年、父母、家庭狀況、你就讀的學校，以及你成長的社會與文化。學著接受在自身的條件下，你已盡了力的事實。學著接受你的不完美，寬恕自己——有了理解與洞見，寬恕自然而然會生起。

以同樣的方式深觀對方，看到他們的優點、缺點和難處，以獲得更多理解與洞見。

澆灌他們的花朵——表達你對他們的感恩與讚賞。具體說明你感謝他們的事，以及你欣賞他們的哪些特質，舉出明確的例子。

表達你的歉意，為你的短處與犯下的錯誤道歉，要具體明確。

請求對方原諒，承諾你將來會試著做得更好。

如果能寫出這樣的一封信，我們會感到釋懷。我們對自己的愛、理解與慈悲，會隨著對他人的愛、理解與慈悲而增長。如此，我們能感受到與所愛之人有著更深、更慈悲與更持久的連結。

照顧自己：對自己慈悲

所愛的人不希望我們在他們死後受苦——他們希望我們幸福。我們或許緊緊抓住悲傷不放手，相信深沉的悲傷與絕望，是衡量愛對方有多深的方式；又或者我們一直以內疚、自責與懊悔折磨自己。

但真正的問題不在於所愛之人是否原諒我們的不足，而是我們能否原諒自己。我們對自己是否有足夠的慈悲？我們是否能看到自己在當時的條件下已盡力而為？為了幫助我們對自己慈悲，我們需要深觀自己和與所愛的人之間的關係。

萬事萬物都是相互創造的。這情況是這樣，是因為無數的因緣。當我們能看到**此有即彼有**，我們就輕鬆不少。能夠理解自己已經盡力而為，在我們所擁有的條件下已做到最好時，我們會如釋重負，接受自己的不足，原諒自己。

接觸我們內在的小孩，能讓我們更瞭解自己，接受自己不足之處，培養對自己的慈悲。失去所愛的人，會讓我們內在幼小、受傷的孩子痛苦不堪。這觸及了我們過往的失去與未療癒的傷口，加深我們感受到的痛苦。進行引導式禪修，對於建立與內在小孩的連結，以及長養我們的理解與慈悲，都大有裨益。

小孩子很容易受傷，父母過度嚴厲的眼神或是威脅和斥責的話語都會讓小孩受傷、感到羞愧。五歲的孩子心靈非常脆弱、敏感易傷。在那個年紀形成的傷痕和想法，仍深埋在我們之內。因此，我們必須非常溫柔、充滿關愛與理解地對待內在五歲的小孩。

在這禪修中，我們回到自己，與內在五歲的小孩溝通。這孩子或許仍是深深地受傷，被我們忽略許久了。當我們觀想五歲時的自己，慈悲會在心中生起。

與內在的小孩接觸，聆聽他們，有助於培養我們對自己的慈悲，加深我們的洞見。不要忽略或遺棄內在的小孩。理解內在小孩所受的傷害與痛苦，就能產生慈悲與愛。愛即是理解。只要能接觸和辨識內在的痛苦，我們就有機會照顧並轉化這些苦痛。禪觀孩提時的自己，亦有助於我們理解當前的痛苦。

以正念吸氣與呼氣，你可以說：

吸氣，我看到自己是個五歲的小孩
呼氣，我對內在五歲的小孩慈悲地微笑

吸氣，我看到自己五歲時是多麼天真、脆弱易傷
呼氣，我擁抱和安慰內在受傷的小孩

吸氣，我看到我內在的小孩仍活在我之內
呼氣，我仔細聆聽內在的小孩

當我們理解父母所受的苦時，就更容易接納他們的弱點。這有助於我們理解自己痛苦的根源，也讓我們更容易接納自己的短處。如果你願意，可以繼續在禪修中觀想父母或監護人還是個小孩的時候。那時的他們也和你一樣，年幼脆弱、容易受傷。他們也和你一樣，或許仍帶著孩提時的傷痕和痛苦。

「吸氣，我看到母親、父親或監護人是個五歲的小孩；呼氣，我對他們慈悲地微笑」。

當我們接觸到父母在孩提時受的痛苦，慈悲油然而生。

這份慈悲能夠療癒我們以及彼此的關係。有了慈悲與理解，就會能寬恕。

我為你行走

我的許多先祖和同輩已經離世。我的一位賢友再無法走路，要坐在輪椅上。另一位則膝蓋痛得無法上下樓梯。因此，我為他們而走。吸氣時，我對自己說：「我還能這樣走路，真是太美好了。」帶著這份覺察，我能享受踏出的每一步。我可以說：「吸氣，我知道我還活著。呼氣，我對生命微笑。」正念提醒我留意和享受我還活著，身體足夠的強健，能夠走路。

有時我會說，我為母親行走，或者是父親享受和我一起行走。我為父親行走，為母親行走，為老師行走，為學生行走。你的父親或許不知道如何正念行走，享受每分每秒。因此，你可以為他行走。如此一來，你不但能從中受益，也會感到療癒。

生命只有痛苦是不夠的

生命中有很多痛苦，但也有許多美妙的事物，例如藍天、陽光和嬰兒的眼睛。生命裡不僅僅有痛苦，我們可以學會去接觸生命中的美妙事物，它們在我們內在，也在我們周圍。無時無刻，無所不在。

雲不會死去

白雲從容

回想昔日——你仍是朵白雲從容飄浮
我邊舞邊唱隨著水的源頭回歸浩瀚海洋
你留戀著高峰處
聆聽松樹林中樹木的歡笑

我在萬丈銀白浪花上進出起伏
看到塵世苦難淚流如江河
你化成雨點溢滿冬夜

深觀所愛的人不同的形態

在一個陽光明媚的日子裡，你可能會抬頭看天空，看到一朵漂亮的浮雲飄過。你欣賞它的形狀，讚歎陽光照在它可愛的樣子，以及它在綠色田野投下的影子。你愛上了這朵雲，想和它在一起，它帶給你快樂。但雲的形狀和顏色在改變，天色開始陰暗，下起雨來。你再看不到那朵雲，雲變成了雨。你衷心希望心愛的雲回來，於是哭了起來。

但是，當雲變為雨時，你可以深觀雨，以看到你的雲仍在對你歡笑、微笑著。

無物死去，只是轉化而已

雲在空中出現之前，已經以另外的形式存在，如霧氣、海洋、雨水或河流。如果深觀雲的本質，我們會明白雲不會死去，它不能從有的狀態變為無的狀態。雲可以變成雨，變成雪，或變成冰，但它不能變成無。因此，如果天空萬里無雲，那不表示你的雲死去了，它繼續以其他形態存在。

那麼我們所愛的人怎麼會死呢？所有事物的出現都要依靠其他事物。無始無終，萬物沒有被創造或毀滅，整個宇宙都是如此。無數的條件聚集在一起，使我們以這個形態顯現。當條件不一樣時，我們便以不同的形態顯現。

不要執著於形態，也不要執著相。學習用「無相之眼」來看，看到你的雲新的形態——雨水、河流、你手中的茶。

如果你失去了某人，因此淚流成河，請你深入去看，看到你所愛之人的本性是不生不滅，無來無去。

讓自己幸福

我們不必等到所有痛苦結束之後，才再次幸福起來。我們可以讓自己**現在**就幸福快樂。但是，我們也許需要改變對幸福的觀念，覺知幸福在此時此地唾手可得。

蓮花需要淤泥才能生長，它無法長在大理石上。沒有苦，就不可能有樂。因此，如果你懂得**如何**受苦，你就不會受那麼多苦。從苦之中，幸福的蓮花會綻放。

我們可以利用痛苦來製造幸福、理解與愛。擁抱痛苦，深觀苦，我們更能理解苦，也更能理解他人的痛苦，慈悲與寬恕隨之而來。

理解與愛是幸福的基礎。擁抱、理解、照顧痛苦，就能產生愛與慈悲。

因此我們明白，苦與樂是一體兩面，兩者相互依存。我們不能只要此而沒有彼。

照顧自己：深度放鬆

跌倒造成我們身體的疼痛。難過或焦慮時，我們稱之為情緒疼痛。然而，身心並不分開而存在，痛苦不只是一種情緒。當我們遭逢極大的失去，尤其事情發生得太突然，造成太深的創傷時，這份震撼會留在身體裡，所受的痛苦會留在每一塊肌肉和每一個細胞裡。深度放鬆，是辨識與舒緩身心痛苦的修習。我們從容地為自己而在，給予自己溫柔、愛與關懷。

深度放鬆從觀呼吸和身體開始。你可以坐著或躺著。躺在地上，將自己交給溫和的地心引力和身下的大地時，讓我們更能感受到身體的各個部位。在我們可能感到脆弱、受傷，或因為過於震驚而感到麻木時，躺在地上能讓我們連結大地的力量與堅實，以及她安穩與療癒的能量。

如何深度放鬆

舒適地仰臥，雙腿和雙臂放鬆伸直，注意空氣進出身體。感受腹部微微的起伏。每一次呼氣讓自己感覺更放鬆。釋放你的緊繃，注意身體和地面的接觸。

現在，將注意力帶到頭部，感受頭的重量，想像它沉入大地。呼氣，放鬆。將注意帶到眼睛，「吸氣，我覺知我的眼睛。呼氣，我以感激和愛對我的眼睛微笑。」無論你的視力多麼不好，也請感受你心中的感恩所帶來的療癒能量——你的雙眼讓你看到各種顏色與形態：藍天、落日、綠樹，以及你所愛之人的面容。

現在，將注意力帶到鼻子、嘴巴、喉嚨、肩膀和背部，然後繼續往下直到腳趾。你在掃描身體，不過用的不是X光，而是正念之光。掃描整個身體，將注意力帶到每一個部位和每一個器官，放鬆，把療癒和愛的能量送給它們。「吸氣，我覺知我的心臟。呼氣，我以愛和慈悲對心臟微笑。我將關愛和療癒的能量送到心臟，感謝我的心臟。心臟日日夜夜為我跳動，讓我活著。即使我的心臟在痛，或不像以前那樣健康，我還是很感謝自己有一顆心臟。過去我以種種方式對你不好，許多次我都沒有聆聽你。我時常忘記我有心臟，把心臟的存在視為理所當然，但現在我答應要好好照顧你，感謝你為我跳動。」

用類似的方式將注意力帶到全身的各個部位，向每一個細胞微笑，釋放緊張，讓你的愛和感恩舒緩、療癒你。修習後你會感到清新和平靜。起來後，試著盡可能在保持柔和平靜的正念能量，時間愈久愈好。每天修習，就能感受到溫柔的療癒和轉化。

觸碰究竟

一天，當我正要踏在一片乾枯的葉子上，我看到那片葉子的究竟真實。我明白它沒有真正死去，而是與潮濕的土壤融為一體，準備在來年春天在樹上顯現。我笑著對葉子說：「你在假裝。」

萬事萬物都在假裝誕生，也在假裝死亡。因緣俱足，身體顯現，我們說身體是存在的。當因緣不再俱足，身體無法被我們感知，我們說身體不再存在。然而，我們稱為死亡的那天，是我們以許多其他形態延續的日子。如果你懂得如何在究竟的向度接觸所愛之人，他們永遠為你而在，也永遠在你內在。這是一個美妙的修習，能在你失去所愛的人時減輕你的痛苦。

與所愛的人永不分離

當我們深觀一朵花，會看到它是由許多不同元素組成。事實上，它只由非花的元素組成。在一朵花裡可以看到整個宇宙。我們看到陽光幫助它生長，也看到雨水、土壤和種子，甚至是園丁。如果我們拿走任何一個元素，這朵花就不存在。這朵花無法單獨存在，它與萬物密不可分地連結在一起。

就像這朵花，我們是由非我的元素組成。我們是由雨水、陽光、大地、父母和所屬的社會組成，如果拿掉其中任何一個非我的元素，我們都無法存在。亦如這朵花，我們與世間一切眾生以及整個宇宙連結在一起。你與萬物相即，沒有任何東西可以獨自存在。萬物相即。

所愛的人一直與你同在

安住於當下，深刻地接觸當下，你就能對自己是誰產生深刻的洞見。如果我真正接觸自己，我會發現自己同時也是太陽，是雲，是大地，是河流，是山，是松鼠，是樹。一切事物都在其他事物之中。如果沒有松鼠、山巒、雲朵，我是否還能在這裡？如果把山巒從我之中移走，我就不會在這裡了。如果你把雲朵從我之中移去，我也不會在這裡，因為實際上我**就是**這一切。

我是雲，是松鼠，是鹿，是山，我是我所愛的人，你不能把我所愛的人從我之中移除。這是當我深刻接觸當下時，所能接觸到的**相即**的洞見——一即一切。

如果你能看到自己是一片葉子、一朵花、天空中美麗的雲朵，你很容易就能理解你從未出生，你不是從無而來。你永會不死去，你永遠會和所愛的人在一起。

下雨時
我們以為沒有陽光
但雲層之上
太陽在藍天照耀

相對真實與究竟真實

在我們所稱的歷史向度中，有出生證明和死亡證明。你所愛的人離世那天，你感到痛苦。如果有人坐在你身邊關心你，你會感到安慰。

你曾擁有他們的友誼、他們的支持，他們溫暖的手讓你握著。這是波浪的世界，它的特點是生與死，起與落，有與無。

一個浪有始有終，但是我們不能將上述的特點歸類於水。在水的世界，沒有生或死、有或無、始或終。接觸水時，我們接觸到水的究竟真實，讓我們從上述觀念中解脫出來。

深切的釋懷

禪修是時時刻刻以深刻的方式活著。我們藉由禪修看到波浪是由水構成，歷史向度和究竟向度的實相是一體的。即使活在波浪的世界，當我們接觸水，就會知道波浪就是水。如果只接觸波浪，我們會感到痛苦。但如果學會與水保持連結，我們便如釋重負。

我們在歷史的向度修習如何尋求釋然。我們修習慈悲和正念，轉化憤怒，從而平靜身心，建立安定、清新與安穩，感到釋然。

但是，當接觸到究竟真實時，我們獲得的是深切的釋懷。每個人都有能力接觸涅槃，不受生死、一多以及來去的概念束縛。

照顧自己：接觸大地

許多靈性傳統都有禮拜或接觸大地的修習，以表達對大地的尊敬與謙卑，尋求慰藉，以及重新與自己和大地連結。有些人視禮拜為信仰的修習，但這並非必然。禮拜是最深的交付。我們從大地而來，也將回到大地，因此當我們禮拜或躺在大地上、接觸大地時，我們就是將一切交付給她。

我們交付自己，釋放所有苦痛與悲傷，而最重要的是放下以為自己是獨立存在的概念。大地接納和轉化她收到的一切，無有分別。我們讓大地的慈悲滲透我們，從她美善和療癒的能量中獲益。我們接收大地的堅實，她有再生、創造與療癒的強大能量。

我們都見證過大地如何將各種廢物或堆肥轉化成美麗的花朵。我們知道，我們也有這種能力。大地擁抱我們，幫助我們轉化痛苦與絕望。

如何接觸大地

無論在哪裡，不管是在禪堂、家裡安靜的地方或祭壇前，或是在大自然一個寧靜的地方，我們都可以接觸大地，接受她有力、安穩和堅忍的特性。我們可以採用禮拜的姿勢，接觸大地，輕柔地跟隨呼吸，與自己的身體、動物、植物、礦物祖先以及我們身下的大地連結。我們釋放所有的悲傷、恐懼與憂慮，釋放身心所有的緊張，保持開放與接納的態度。我們知道大地能吸收我們的痛苦與負面能量，不會抗拒或評判我們。如此一來，我們就能夠轉化內在痛苦與困難。我們以這項修習培養與自己和大地的關係，也藉此恢復平衡、寧靜與身心健康。

在靜默中接觸大地，維持上述姿勢，至少做三次吸氣與呼氣。你與大地接觸得愈久，就愈容易釋放緊張、痛苦，全然臣服，感到平靜。

接觸大地，召喚我們的祖先

在極大的痛苦中，我們也可以召喚我們內在的土地、靈性和血緣祖先，給予我們支持。

以禮拜的姿勢接觸大地時，雙手手心朝上，想像一隻手代表你的母親，另一隻手代表你的父親。這不只是想像——你的手就是你父親的手、你母親的手、你祖父的手……如果你深入去看，就能清楚看到你的手不只是你的，也來自於所有的祖先。

現在，回憶母親和父親的所有正面特質，他們的智慧、力量、技能與才華，以及他們的慈悲等，感受這些特質。你也思考他們所有的弱點和短處——也是你的弱點和短處——然後將一切釋放到大地，讓大地予以轉化。讓父母和祖先的正面特質滋養你、安慰你，使你變得更強壯。你也可以把你和他們的痛苦釋放到大地。

然後，當你坐起來時，深觀你的雙手，以看到你父母或祖父母的手。雙手合十，將你內在父母的特質合一，讓他們的雙手捧著你的臉，或將雙臂在胸前交叉，給自己一個擁抱。感受你母親和父親、祖母和祖父，以及你所有的祖先都在擁抱和支持你。容許自己被他們擁抱和安慰。

塵歸塵

當我們說塵歸塵，土歸土時，聽起來不那麼讓人開心或舒服，因為我們都不希望自己是來自塵土或回到塵土中。但這是我們的分別心在作祟，因為我們不知道塵土的本質是甚麼。對科學家來說，一粒塵土是非常令人興奮的。每一個原子都很神秘，我們還沒徹底瞭解原子、電子和中子。一粒塵土是一個奇蹟。

我們是生命

我們習慣把自己認同為我們的身體。認為我們是這個身體的想法深植於心。但是，你所愛的人不只是他們的身體，他們遠不只於此。二十世紀法國哲學家沙特（Jean-Paul Sartre）說：「我們是自己的行為的總和。」（L’hommeest la somme de ses actes）這就是業的意思：行為。我們的身、語、意的行為就是我們的業，我們是這三種行為的總和，這三種行為不只延續到未來，也時時刻刻對其他人和這整個世界有所影響，甚至在我們還活著時已是如此，三業是我們真正的遺產。

「這個身體是我，我是這個身體」，這是我們必須拋棄的觀念。若非如此，我們會受很大的苦。我們是生命，生命比這個身體、這個概念與這個想法廣闊得多。

我們不侷限於壽命

大多數人相信，我們會在地球上度過七十、八十、九十或一百年，然後離開。但是更深入去看，我們知道這是錯誤的認知。

你的壽命不侷限於七十、八十或是一百年，這是好消息。你的身體不是你，你遠遠不止於這個身體，你是無有邊界的生命。

我們並不侷限於我們的身體，即使當我們活著時也如此。我們與我們的祖先、後代以及整個宇宙相即。我們沒有獨立的自我，我們與一切生命相連。我們與萬物都在轉化中。

有死才有生

生由死構成，死由生構成。我們身上的細胞每天都在死去，但是我們從未想過為它們舉辦葬禮。一個細胞死去，另一個細胞誕生，這使生命成為可能。生與死是同一實相的兩面，這樣的禪觀帶來無懼、無瞋與不絕望。

雲不會死去

在我們的認知裡，死亡意味著你變成無，從某人變成無人。如果深入去看，我們就會明白事實並非如此。雲並非無中生有，它來自河流、湖泊、海洋裡的水以及陽光的熱量。同樣地，我們相信人生下來，就表示從無變成有，從無人變成某個人。然而出生前，你並非從無而來，死後也並非無所從去。和雲一樣，你的本性以及你所愛之人的本性是不生不滅。

如果你懂得如何接觸自己不生不滅的本性，你就能平靜地面對死亡。一滴雨水落在地上，瞬間就消失了，然而即使水被泥土吸收了，你再也看不見，它還是存在；如果它蒸發了，它還是在空氣裡，變成水蒸氣。你看不到水滴，但這不代表它不存在。一朵雲可以變成雨、變成雪、變成冰，但是一朵雲不能變成無。雲永遠不會死去。

我們的本性

你曾經失去所愛的人，你知道悲痛是甚麼，但如果你懂得怎麼用無相之眼去看——如果你沒有被困於你所愛之人的形相——你就能克服悲痛與哀傷。你能夠超越形相，理解萬物沒有生也沒有死，只有轉化。一切都以新的形態延續下去，你也是一樣。你的本性是不滅的本性。

生與死的概念一旦消失，真正的生命就誕生了

過世不代表離去

十八世紀法國科學家安東・拉瓦席耶（Antoine Lavoisier）的其中一句名言是：「甚麼都沒有被創造，甚麼都沒有被毀滅，一切都在轉化。」（Rien ne se crée, rien ne se perd; tout se transforme）物質可以變成能量，能量可以轉換為物質，但是我們不能創造或毀滅兩者。同樣道理，我們所愛的人只是變成另一種形態，我們可以在萬物中看到他們——在一朵雲，一個孩子，一陣微風。

我們可以微笑說：「親愛的，我知道你和我很接近。我知道你的本性是不生不滅，我知道我沒有失去你，你一直與我同在。」

如果你深入去看，就會看到你所愛的人無時無刻不在你的日常生活中。他們的本性是不生不滅、無來無去。

我們身語意業的延續

我們傳遞到世上的思想與感受具有強大的影響力。我們產生的每一個念頭，我們想的、說的和做的每一件事，都是一種行為，這些行為會永遠延續下去。它們不會消失，就如雲一樣，它們在轉化中。

因此，身體的分解不是終結。這個身體只是你很小的一部分。你每天產生的思想、話語和行動，無法收回也無法抹去，你或許看不見，就好像你看不見最終形成雲的水汽，但它是存在的。因此，當你看著自己的身體，你必須記得這只是你很小的一部分，更廣闊的你已經存在了。

我們不必等到身體完全分解，才開始在其他人身上看到自己，正如我們無需等到一朵雲完全轉變為雨水，才看見雲的一部分已經在土地上以河流的形態存在，另一部分是正落下的雨水，還有一部分依然是高掛天空的雲。天上的雲對著下面的雨和河流微笑，說：「享受旅程，我很快會加入你們。」

我們的身體分解之後，身、語、意的行為的結果是我們的延續，它們帶著我們的印記。我們所愛的人的身體分解後，他們身、語、意的行為也同樣延續下去。他們的每一個身、語、意的行為，都對其他人和這個世界產生影響，在許多不同顯現中延續。你所愛之人最深的願望、信念、思想、言語和行動，將會以無數新的美妙形態顯現，你能從中找到它們。

照顧自己：看到所愛的人活在你之內及周圍的一切中

回想你所愛的人生前認識以及接觸過的每一個人——朋友、家人（孩子、父母、兄弟姐妹）、同事、同學，然後將他們列出來，或將他們的人際關係畫成一張網狀圖。深觀你所愛的人是如何活在他們以及你內在。

如果可以的話，與其中的一些人交流，請他們分享一些故事。他們對於你所愛的人印象最深刻的是甚麼，他們最珍視的部分是甚麼？這麼做會為你和他們帶來滋養和療癒。每當你想念你所愛的人，就跟這些熟悉他們的人交談。

你從所愛的人身上承繼了哪些觀念？你可以回憶他們所

完成的工作和計劃，以及他們的善行，回想他們對於改變這個世界所作出的貢獻，無論大小。最能觸動我們的，往往是一些小事。

⋮

有時候，我們非常清楚所愛的人對於某些事物的感受——他們是否喜歡某種食物或飲品、某本書或某部電影、某處風景、某個人或某種活動。和你所愛的人保持開放的對話。你可以問他們是否喜歡你在吃的東西，是否要和你出去走走，這是你和所愛的人保持連結的方式之一。你也可以在做重大決定時詢問他們的意見，你或許會驚訝地發現他們能給你很好的建議。

你所愛的人對你說過最難忘的話是甚麼？他們做過最友善、最大方、最勇敢、最富冒險精神的事是甚麼？

⋮

有時候我們不能轉化哀傷，因為我們相信所愛的人在生前吃了很多苦。或許如此，但這並不是真相的「**全部**」。你所愛的人也有不痛苦的時候，他們也有健康快樂、享受人生的時候，我們必須抱持更平衡的觀點。試著回憶幸福快樂的時刻，還有你看到所愛的人歡笑愉悅的時光。你愈回憶這些，內心便愈浮現快樂的時刻，如此能為我們帶來很大的慰藉。

接觸生命的奇蹟

當你獨處時，你或許想要利用這段時間回到自己，接觸生命的奇蹟。與其讓自己沉浸在過去或未來，或被散亂或強烈的情緒把你帶離當下，你應該將注意帶到呼吸，回到當下。

我們整天都在吸氣與呼氣，卻未意識到自己在呼吸。「吸氣，我知道我活著。呼氣，我對生命微笑。」這是很簡單的練習。正念地回到吸氣與呼氣，我們就能全然地活在此時此地。

在日常生活中，我們的身體在此處，心卻可能在別的地方，被困於擔憂和焦慮中。生命只在當下，過去已經過去，未來還沒到來。安住於當下，我們就能深刻地活著，接觸到一直在我們內在和周圍療癒、清新和滋養的元素。

我們生命中的每一秒鐘都是瑰寶。這些瑰寶是我們對自己呼吸、身體、感受、大地、天空、樹木、河流、海洋、鳥兒和其他動物的覺察——我們內在和周圍的所有奇蹟。

感恩生命

此刻你心中痛苦的種子或許很強大，但別等到痛苦不存在時才讓自己幸福快樂。

你不必等到十年後才去體會幸福，幸福就在日常生活中的每一刻，我們只需要覺知此刻已經擁有幸福快樂的條件。

我們之中有些人活著卻未加珍視。當你吸氣時，你意識到你在吸氣，你接觸到活著的奇蹟，活著是喜悅與幸福的真正來源。

使我們幸福快樂的條件已然俱足，我們只需讓自己全然地活在當下，我們就能接觸到幸福快樂的條件。正念是我們點亮的一盞明燈，好讓我們覺知，即使在受著苦，也有許多幸福快樂的條件。

四月的向日葵

夏天時，梅村（Plum Village）附近的山丘上有著無數的向日葵。如果你在四月到來，山丘是光禿的，但走過田間的農夫已能看到向日葵，他們知道土壤已經準備好，種子已經種下，雨水充足，萬事俱備，唯一欠缺的條件就是時間。隨著時間，夏季的熱氣會使得向日葵長高，開出花朵。為了開出花朵，向日葵不能只依賴一種條件，它必須依賴許多條件而顯現，而所有條件都同等重要。我們在向日葵裡看到土地、礦物、農夫，也看到時間和空間。當所有必要的條件匯聚，向日葵就會綻放。如果條件不充足，向日葵就會躲藏起來。

誰能說你所愛的人已經離世？當你在究竟的向度接觸你所愛的人，你看到他們仍與你在一起。一朵花也是如此。一朵花或許假裝綻放，但是它以其他形態一直存在著，在土壤、雨水、陽光中。然後，這朵花可能假裝凋謝，但是它只是在玩捉迷藏。這朵花向我們顯現，然後又躲藏起來。如果我們留心，就能在任何時候看到它。

我們必須認識到萬物相即的本性。在相即的光芒下，生與死並不分別存在。它們互相依存，我們不能只取其一，就好像苦與樂，黑暗與光明，它們互相依賴，互相包含，相即相入。

我們為了死去的人而活

當發生天災、戰爭與種族滅絕時，或是有人犯下暴行而導致數百萬人死亡時，各地的人都受苦，包括世界另一邊的人。在這麼多人死去時，不只是那些直接相關的人，我們所有人都會痛苦。我們自問，上帝怎能讓這樣可怕的事發生？為何嬰兒、孩童和那麼多人死去？為何死的是他們，不是我們？我們問了這麼多問題，卻得不到答案，我們只是受苦。

我也和你們一樣受苦，但是我會修習。我坐下來修習深觀，我看到當其他人死去，某種程度上我們也隨之死去，因為我們彼此深刻相連。當你所愛的人死去，某種程度上你也隨之死去。看到他們不再活著，我們應為他們而活。我們必須活下去，好讓我們的孩子和他們的孩子擁有未來。在他們離世之後，我們選擇的生活方式能為他們的死賦予意義。這就是相即的洞見——萬物都在其他事物之中。他們是我們，我們也是他們。他們死去，一部分的我們也死去了；我們繼續活下去，他們也和我們一起繼續活下去。

有了這樣的洞見，我們不再受苦。我們知道如何讓他們在我們內在延續，如何帶著他們和我們一起進入未來，以及如何為他們創造光明的未來。有了這樣的洞見，我們就能體驗到平靜。

將光送至每一處

我們就像蠟燭，將光送至每一處，照亮四面八方。我們的身、語、意的行為就是我們的光。當我們友善地說話，這些話會跟我們一起傳到處處。你所愛之人的善心善行也會傳送到每一處，永無止境。我們時刻都在轉化，以不同的形態延續著。

我們身、語、意的行為是我們的遺產。我們不在人世之後，這些思想、話語和行動將繼續長存。

無物失去

你玩過萬花筒嗎？往萬花筒裡看，會看見七彩繽紛的美麗影像。只要一個小動作，就足以讓奇蹟顯現。由色彩和形狀組成的畫面顯現眼前，那是何等奇妙。有一兩秒鐘的時間，你讚歎這美麗的圖案，然後你再次轉動萬花筒，另一幅同樣吸引人的圖樣出現。是否每次圖案不再顯現時，我們都要哭泣？我們無需為失去這些美麗的圖案而遺憾，因為眼前又有讓人愉悅的新圖景。

我們當下的形相，是大地母親為我們創造出的美麗顯現。當這顯現結束後，我們將以另一種形態顯現。做一朵雲或許很美妙，但變成雨水落到大地上也同樣美妙。

事物顯現，然後消失，然後以另一種形態再次顯現，如此重複千萬次。如果你深入去看，就會看到這實相。我們顯現，然後消失，甚麼也沒失去。無生無滅，這是個捉迷藏的遊戲。沒有創造，只有顯現。沒有死，只有轉化。

你無法殺死任何人

馬丁．路德．金恩（Martin Luther King Jr.）、甘地（Gandhi）、約翰．甘迺迪（John F. Kennedy），甚至耶穌基督，都是被承受著巨大痛苦的人所殺，他們相信自己能殺死那些偉大的領袖以及他們所代表的一切。但他們不明白的是，你無法殺死任何人。你無法殺死馬丁．路德．金恩、耶穌基督或甘地。他們離世後變得更偉大、更有力量，甚至比在世時更鮮活。

你不可能死去，也不可能殺死任何人。馬丁．路德．金恩、耶穌基督和甘地都還栩栩如生地活在我們心中。

水與浪

我們要能夠接觸到生命的兩個向度：歷史向度與究竟向度。波浪存在於歷史的向度，那裡有生與死、起與落、內與外；而水屬於究竟的向度，也就是涅槃。在究竟的向度裡不再有生或死、始或終。我們通常只接觸到波浪，但當我們知道如何接觸水時，我們會收獲禪修的碩果。

當波浪回頭望向自己，發覺自己既是浪也是水，它就不再害怕死去。它看到浪如何產生、如何漲落，如何消失，但它也看到自己在其他所有的波浪中。它存在的基礎，也是所有浪存在的基礎——就是水。有了這樣的洞見，它接觸到究竟的向度，脫離所有對於生與死的恐懼。

修習就像是波浪。花些時間深觀自己，覺知你的本性是不生不滅。理解到這一點，你就能有所突破，獲得自由與無懼。如果你心中有深沉的悲傷，如果你失去所愛的人，如果你被對死亡、遺忘或毀滅的恐懼佔據，請接受這項教導，開始修習，提醒自己，雖然你過著波浪的生活，你同時也是水。接觸水，理解不生不滅這個實相，我們能觸及平靜。

接觸涅槃

浪可以過著浪的生活，同時也能過著水的生活。它不必為了變成水而死去，因為浪在當下就已經是水了。

涅槃代表了所有觀念與概念的寂滅，包括生與死、有與無、來與去的概念，但它並不代表生命的寂滅。涅槃是生命的究竟向度，是清涼、平靜與喜悅的狀態。它不是在你死後才能達到的狀態。以正念呼吸、行走和喝茶，當下你就能接觸涅槃。一切都安住在涅槃中。從無始以來，你便已經涅槃了。

如果你能深刻地過日常生活，在此時此地我們就能接觸涅槃。

無來，無去
無過往，無後來
我抱你緊貼我
我放手讓你自由
因為我在你中
你也在我中

與生命連結

大地賦予我們生命
滋養我們
又再度讓我們回歸她的懷抱

大自然永遠為我們而存在

我們可以從大地的療癒屬性中學到許多。大地是堅實的，她象徵堅忍、無分別、面對挑戰時能忍耐自持。我們也有以上的特質。大地就在這裡，在我們的內在，也在我們周圍。她以非常明確而具體的方式來支持我們。她賦予我們生命，以地、水、火、風等珍貴的禮物，讓我們得以存活。

當我們感到痛苦時，大地擁抱我們，幫助我們恢復能量，重拾力量。當我們理解與大地深刻的連結時，我們就會有足夠的愛與力量繼續下去。

痛苦的時候，我們需要愛與理解，但我們總是希望別人能給予我們渴望得到的所有愛、慈悲與理解。我們不知道自己就能培育這些品質。大自然能幫助我們培養愛與慈悲。大自然慷慨而豐盛，她總是為我們存在，為我們提供所需的一切。

蒲公英為你微笑

在加州禪修營結束前，一位朋友寫下了這首詩：

我失去了微笑
但別擔心
蒲公英有我的微笑

如果你失去了微笑，卻依然能看見蒲公英為你保留了這微笑，那就有希望。你仍有足夠的正念，看到你的微笑在某處。蒲公英是你朋友圈裡的一員，它就在那裡，安靜又忠實地替你保留你的微笑，直到你能再度微笑為止。

事實上，你周圍的一切都替你保留著微笑。你不必感到寂寞或孤單。你只需要對周圍以及內在所有的支持保持敞開。

在所愛的人身上看到美善

修習正念生活之道，我們就是在澆灌自己與所愛之人的正向元素。我們看到所愛的人就和我們一樣，內在有花朵也有垃圾，我們予以接受。我們的修習是澆灌我們所愛之人內在的花朵，而不是帶給他們更多垃圾。

栽種花朵時，如果花朵長得不好，我們不會責怪它或與它爭論。對我們所愛之人的記憶就是一朵花，如果善加照顧，這朵花就能美麗地生長；反之，它會枯萎。為了讓花朵長得美麗，我們必須瞭解它的本質。

照顧自己：為所愛的人設立紀念處

失去所愛的人時，我們希望表達對他們甚深的愛和感恩。我們想給予他們一些甚麼，想將他們留在鮮活的記憶中。

在家裡為所愛的人設一個紀念處，表達關切和愛，是讓我們感覺與他們相連的具體方法。我們可以在小桌上放他們的照片、蠟燭、鮮花和其他具有紀念性或特殊意義的物品，或是代表他們靈性傳統的東西。我們也可以放置從大自然中收集到的東西，也許是石頭、樹葉、貝殼或一朵花。我們可以寫信給所愛的人，可以是幾句話、愛之信、道歉或讚賞的話，放在小桌上，使我們感覺到與所愛的人相連、保持溝通。有的人喜歡點蠟燭、供香或供花，或是所愛的人喜歡的食物。在特殊的日子，例如舉行葬禮儀式、生日或忌辰時，我們可以為所愛的人準備喜歡的菜餚點心，放在桌子上。在儀式結束之後，大家一起享用食物，創造連結。

‧‧‧

設立與維持這樣的紀念處，是對所愛的人、祖先以及周圍世界表達愛、尊重與感恩的方式。它能使我們銘記，我們所愛、敬重和關切的一切也在我們之內。

保持紀念處的清新美麗，每天以正念、愛和專注的心來清潔和照顧它，這能幫助我們與所愛的人和先祖保持連結。我們可以與他們說話，告訴他們我們生活中的一切。我們或許想告訴所愛的人，他們的一生也許有尚未完成或療癒的事，我們會盡力為他們完成。我們藉此與所愛的人以及我們身在其中的生命之河，建立起深刻而持續的連結。

你不會永遠痛苦

我們看到，所有心行如慈悲、喜悅、愛、恐懼、悲傷和絕望等，本質都是有機的。當我們內在任何一顆種子被澆灌，它會在意識顯現為心行。我們無需害怕難受或不舒服的情緒，因為以正念擁抱這些情緒，總是能轉化它。當悲傷的感受浮現時，我們可以呼吸，對自己說：

吸氣，我知道我悲傷的感受生起
呼氣，我擁抱悲傷的感受，讓它平靜下來

我們知道一切都是無常的，包括我們的感受與情緒。它們浮現，停留一會兒，然後又離去。在困難的情緒浮現時，我們就只是覺知它們，喚出它們的名字，它們就會平靜下來，自然地開始轉化。我們在思緒和感受浮現時單純地辨識它們。

對心行的有機本質有了這樣的洞見，我們會更加平靜、安穩與祥和。我們知道情緒會過去，我們的痛苦終將平靜下來。只要一個微笑和正念呼吸，就能開始轉化我們的痛苦。

我們不是獨自行走

走路的時候，我們並非獨自走著，我們的父母和祖先一直和我們一起行走。他們在我們身體的每個細胞裡。因此，為我們帶來平靜、療癒和喜樂的每一步，也將為我們的父母和祖先帶來平靜、療癒和喜樂。我們有力量轉化過去。每一個正念步伐都有力量轉化我們和我們內在的祖先，包括靈性祖先以及動物、植物和礦物祖先。我們不只是為了自己而行走。行走時，我們為家人、為所愛的人、為全世界而行走。

照顧自己：和所愛的人一起行走

修習行禪時，你可以邀請所愛的人和你一起行走。想像你們牽著手，感受到他們活在你的內在，也在你的身邊。帶著正念、祥和與平靜行走時，你所愛的人也一樣帶著正念、祥和與平靜行走。當你停下來欣賞美麗的景色，觀賞日落或聆聽鳥兒歌唱時，你也能和所愛的人分享這一切。你在用他們的眼睛來看。

你可以問他們：「親愛的，你是否看到這美麗的落日，這美麗的樹木？」

為他們享受這一切。當你全然保持正念，在當下接觸所愛的人以及先祖，所有人都因這一刻的平靜、喜悅和美好而受益和得到滋養。這能讓我們療癒自己和所愛的人，讓他們繼續活在我們心中。

母親仍與我同在

母親離世後四年，我夢見她。夢中的她很漂亮，留著一頭烏黑的長髮，年輕又有活力。半夜醒來，我走到灑滿月光的花園，走在寺院後方的山坡上，我感覺到她的存在。每當雙腳碰觸土地，我都感覺到她的存在。我知道這身體不僅是我自己的，也是父母、祖父母，以及祖先的延續。我感悟母親不曾死去。我倆一起在潮濕的泥土上留下足印。

沙灘上的足跡

無人的海灘
雨水洗刷人們的足印
細沙上
煩惱從何而來
我的腳仍未落地
靜聽春日陣陣微風
苦惱隨之消逝

從絕望中解脫

修習正念，我們就能接觸自由——從懊惱與愧疚、痛苦與恐懼中解脫出來的自由。自由是幸福的基礎；沒有自由，就不可能有真正的幸福。你踏出的每一步，每一次呼吸，你坐禪或行禪的每一分鐘，以及正念中的每一個行動，都能替你帶來更多的平靜、喜悅、安穩與自由。

療癒自殺的想法所帶來的痛苦

有些青少年與成人不懂得如何處理巨大的痛苦，他們以為唯一解脫的方法是結束生命。每天世界各地有許多不同年齡的人，因為不知道如何處理強烈的情緒而自殺。

我們必須掌握痛苦的藝術，才能教導其他人轉化痛苦的方法。我們必須將正念修習帶入課堂、工作和家庭。修習正念、止觀，擁抱困難的感受非常重要，這能拯救生命。

所愛之人活在認識他的人心中

我們是我們的孩子，我們的孩子是我們。如果你有孩子，你已經在他們之中重生。你很容易就能在孩子身上看到自己的延續身，但你還有許多其他的延續身。

你所愛的人曾經想過、說過或做過的一切，已經在認識他們的人身上延續。他們曾接觸過的每個人都攜帶著他們的延續身。你無從得知他們的話語、思想和行動曾觸及多少人。

真正的遺產

我們身、語、意的行為的影響，是我們真正的遺產。這樣的洞見能使我們免於恐懼——被遺棄、生病以及死亡的恐懼。我們往往想忘記有一天自己也終究會死，到時不得不放下所愛的一切。我們無法忽視這個現實。我們必須辨識恐懼的種子，每天保持對無常的覺知。

你得面對現實。你喚起內在恐懼的種子，面對它。你以正念擁抱它，明白到在你死後，唯一留下的是你的身、語、意的結果，這些是你真正的遺產。

在我的傳統中，我們每天觀照五憶念，提醒自己生命的無常。

五憶念

我會衰老，我無法逃避衰老

我會生病，我無法逃避生病

我會死亡，我無法逃避死亡

我所珍愛的一切和我所愛的人都會改變。我無法避免與他們分開

我所繼承的，是我的身體、話語和思想的結果。我的行為就是我的延續

照顧自己：紀念你所愛的人

當我們需要力量時，我們可以借助他人的力量。我們可以呼喚家人和朋友，也可以在困難時期召喚祖先、心靈老師或偉大的人給予我們支持。

我們無需等到所愛的人死後才開始。當我們聽到對方的重病消息時，可以修習並傳送我們愛、感恩和平靜的能量。這種能量是療癒而轉化的。

如果有些好友、家人，或者是一群同修能與我們一起禪修，那會產生強大的集體正念能量。祈禱的能量超越時間與空間，不只能幫助正在擔憂的我們，也能幫助病者或臨終的人，為我們帶來平靜。

⋯

在我們的傳統中，亡者去世時，我們會舉行紀念儀式，然後每隔一段時間紀念他們——七天後，四十九天後，百日後，以及他們每年的忌日。當然，最初，我們也許會難過，但這樣的儀式需要的不是悲傷之事。這是一個機會，讓我們與所愛的人重新連結，慶祝他們的人生，表達我們內心巨大的感激和愛，並在他們的轉化和延續之旅中提供支持。

⋯

我們可以在家中舉行一個小儀式，邀請家人和朋友來幫助創造強大的集體能量。在我們所愛的人去世之後盡快這樣做是有幫助的，這樣我們就能祈禱並傳送愛和美好的祝願，以實現平靜的轉化。

儀式可以有很多種形式，可以是正式的，也可以是非正式的。開始之前，你可以為所愛之人準備他們最喜歡的食物供養他們——他們活著時真正喜歡吃或喝的東西——並將其放在桌子上。你可以在他們的照片旁放一張寫有他們名字和出生及死亡日期的卡片。

你可以先點蠟燭和供香，修習一會兒坐禪，讓身心平靜下來，感到安穩。然後選擇一些唱誦、歌曲、朗讀、詩歌或音樂。

我們可以回憶彼此共度的特殊時刻，向我們所愛的人表達感激和欣賞，並邀請其他人也這樣做。聽到我們所愛的人以各種方式正面地影響他人的生活，會給我們帶來許多安樂。

以下觀想被廣泛用於我們所有的葬禮，以提醒我們，我們遠比這身體廣闊；也提醒我們，我們所愛的人就像一朵雲，可以是許多事物，但永不會死。

觀照無來無去

這身體不是我
我不限於這身
我是無有邊界的生命
我從未生
亦未曾死
看著海闊天高
萬千星空
一切皆是真如妙心的顯現
無始以來我就自由

生死只是我們進出之門
我們旅程中神聖的門檻
生與死是一場捉迷藏的遊戲
和我一起笑
握著我的手
讓我們道別
以能在不久後再遇
我們今天相遇
明天將再遇
我們正在源頭相遇

在每一刻
我們在萬物中相遇

我們就像煙花

夜空中綻放的煙花，火花猶如花瓣一樣散開。你就像煙花，不是以直線向前延續，你的光芒向四面八方照耀，照亮你的孩子、朋友、社會以及整個世界。

在我分享教義時，其中包含我對實相的理解以及源自經驗的洞見，我也並非以線性方向前進。我觸及了你，並以不同形態在你及所有接觸這教導的人之內重生。

我們無需等到身體分解才踏上重生之旅。此刻，我們在很多地方以不同的形態重生。

我不在這裡

越南的一位弟子希望在我往生後建造一座舍利塔，安置我的骨灰。他們想在碑碣上寫著：「摯愛的老師長眠於此。」我告訴他們不要浪費寺院的土地。「不要把我放在龕子裡，然後放到舍利塔裡！」我說，「我不想用這種方式延續下去，最好是把我的骨灰撒在戶外，幫助樹木生長。」

我建議，如果他們堅持要建造舍利塔，碑碣上應該寫：「我不在裡面。」不過為了避免人們不明白，他們可以加上第二塊碑碣，寫著：「我也不在外面。」如果人們還是不懂，可以在第三塊也是最後一塊碑碣上寫著：「你可以在你呼吸和走路的方式中找到我。」

我的身體會分解，但是我的行為會延續下去。日常生活中，我總是修習去看到我的生命在我周圍延續。我們不必等到身體完全分解後才能延續——我們時刻都在延續。如果你認為我只是這個身體，那你就沒有真正看到我。

看著我的朋友，你會看到我的延續。當你看到有人以正念和慈悲行走時，你知道那是我的延續。我不理解為甚麼人們說他們快要死了，因為我已經可以在你、他人以及未來的世世代代之中看到自己。我永遠不死。每一次我看見我的學生以正念行走，我就看見自己的延續。這個身體會分解，但那不代表我的死亡，我會永遠延續下去。

照顧自己：培養感恩

正念修習有助於我們緩解哀傷。意識到我們已經擁有所有幸福快樂的條件，使我們有更加平衡的見解，從而減輕痛苦。當我們看得更仔細，就能看到我們不僅有痛苦和悲傷，也有許多已經存在的幸福條件。我們每天都有許多微小的可以品味的快樂時光。我們是否能覺知和欣賞這些時刻？無論是喝茶、在戶外散步或只是安坐深觀，你都能在這些時刻創造幸福快樂。覺知生活給予我們許多的微小喜悅，能使喜悅增長，令心快樂，帶來情緒上的慰藉。

・・・

拿一張紙，寫下此刻已經擁有的所有幸福條件，從不起眼的小事開始，像是我們的身體與健康狀況。例如：「我的心還在跳動，讓我活著。即使我的心會痛，即使它不像以前那麼健康。」通常，我們會將這些事情視為理所當然，但當我們花些時間專注於所有美好且仍然運作良好的事情上時，就能滋養我們的感恩與幸福，令心愉悅。

接著，我們不專注在痛苦或懊惱上，而是開始專注於與所愛之人共享的愛與美好的時光上，以及我們共同擁有的一切美妙回憶。你或許會驚訝地發現一頁紙不夠，兩頁也可能不夠，大概要三或四頁才足夠。我們辨識已經擁有的一切美好條件時，容易心生感恩，而感恩是幸福快樂的基礎。心中有了感恩，我們接觸到幸福喜樂，痛苦得以舒緩。

我們也可以每天做這項修習。每天晚上睡覺前，我們可以列出三件值得感恩的事，以及幸福快樂的一刻。一天天過去，我們的感恩和幸福就會愈來愈多。

悲痛與慈悲：痛苦的藝術

我們可以從痛苦中學到很多。我們甚至可以說這是痛苦的**藝術**。當我們明白**如何**受苦，我們的痛會減輕很多。我們知道，理解痛苦讓我們生起慈悲，這不僅是為了自己，也為了其他人。我們知道，為了使幸福快樂成為可能，慈悲是不可或缺的。為了培養平靜與幸福，我們可以學習善用我們的痛苦。

許多人想知道我們死後會發生甚麼。有些人認為，在身體分解之後，我們會上到天堂或飄在雲端；也有許多人相信，死後我們會去到一方遙遠的樂土，我們想像那裡是個沒有痛苦的美好之地。

但如果天堂沒有痛苦，我不會想讓我的孩子去那裡。我不想待在一個沒有任何痛苦的世界，因為這樣也不會有慈悲或理解。如果沒有挨過餓，你不會感激有食物可以吃；如果沒有經歷過戰爭，你就不會懂得和平的價值。

我們必須理解痛苦的益處。它是幫助玫瑰生長的堆肥，也是長出美麗蓮花的淤泥。

回到生命

我們內心都有一盞燈，這是一盞正念的明燈，我們隨時可以點亮這盞燈。燈油是我們的呼吸、腳步與平靜的微笑。我們要點燃這盞正念之燈，好讓它的光照遍四周，讓黑暗消散。讓我們保持這盞燈明亮。

無論我們做甚麼，都可以帶著正念去做，把我們的心帶回身體及當下。當下是我們真正的皈依處，是我們真正的家，是我們可以全然活著的地方。過去已經過去，未來還未到來，當下是我們唯一活著的時刻。讓我們盡心享受當下，不錯過生命。

照顧自己：早晨的微笑

每天早晨醒來時，我們修習微笑。無論是否喜歡，能夠微笑，本身就是深刻的修習。我們的微笑表達的是「我的痛苦不是世界末日」。一切無常，包括我們的痛苦，也會過去。神經科學的研究顯示，微笑向大腦傳達清楚的訊息——無需擔心。微笑幫助我們感覺更好。我們可以用這樣的覺知迎接新的一天。

我們或許覺得自己無法微笑，但是早晨醒來，我們意識到自己有全新的二十四小時，這是珍貴的禮物。我們依然活著，我們善用賜予我們的時間，不想浪費。這二十四小時，我們可以全然地活著，接觸平靜、喜悅與奇蹟，即使我們正經歷痛苦。我們可以在一天的生活中產生理解與慈悲的能量，這能量能療癒我們，以及我們接觸的每一個人。

每天早晨起床前，默念以下偈頌，這能讓你以更多的輕安和能量開啟新的一天。你或許會想寫下這些話，放在早晨睜開眼睛就能看到的地方。

醒來我微笑
嶄新的一天
全然地生活
慈眼視眾生

苦難的汪洋巨大，然而轉過身來，你就能看見陸地。

我們在大地上行走
這土地穿越了歷史
春冬同時存在
新芽亦即枯葉

我的雙足踏在無生之上
我的腳亦是你之腳

現在，請和我同行
在究竟的維度
看到櫻桃樹在冬日開花

為何談論別離
你看到嗎？
我無需死去
每一刻我都能回歸和你一起

——〈一如〉

延伸閱讀

參考書目

一行禪師著，《正念生活的藝術》，臺北：商周出版，2018年。

——《用正念擁抱恐懼》，臺北：商周出版，2013年。

——《轉化痛苦的藝術——無淤泥，無蓮花》，香港：皇冠出版社，2016年。

——《一行禪師講心經》，臺北：橡樹林，2021年。

——《一行禪師講入出息念經》，臺北：橡樹林，2022年。

——《給地球的情書》，新北：立緒，2014年。

——《回到家，我看見真心：讓家成為修行的空間》，臺北：橡樹林，2014年。

——《正念的奇蹟》，臺北：橡樹林，2017年。

——《和好：療癒你的內在小孩〔三版〕》，新北：自由之丘，2020年。

——《接觸大地：與佛陀的親密對話》，臺北：橡樹林，2010年。

——《真正的家：365天每日智慧》，新北：立緒，2013年。

真空法師著，《擁抱禪，重新開始：療癒關係的正念修習四部曲》，新北：自由之丘，2020年。

線上資源

關於梅村禪修中心與修習每日基礎正念的引導，請參見梅村網站 plumvillage.org/zh-hant/ 及 YouTube 梅村中文頻道：法國梅村——一行禪師傳承。

當摯愛逝去：療癒悲痛與失去的禪修練習

How to Live When a Loved One Dies:
Healing Meditations for Grief and Loss

作　　者　一行禪師（Thich Nhat Hanh）
譯　　者　何修瑜
責任編輯　黃家鴻
美術設計　賀四英

總 經 理　伍文翠
出版發行　知田出版／福智文化股份有限公司
地址 / 105407 台北市八德路三段 212 號 9 樓
電話 / (02) 2577-0637
客服信箱 / serve@bwpublish.com
心閱網 / https://www.bwpublish.com
法律顧問　王子文律師
排　　版　陳瑜安
印　　刷　富喬文化事業有限公司
總 經 銷　時報文化出版企業股份有限公司
地址 / 333019 桃園市龜山區萬壽路二段 351 號
服務電話 / (02) 2306-6600 #2111
出版日期　2022 年 10 月　初版一刷
定　　價　新台幣 340 元

ISBN　978-626-95778-3-5

當摯愛逝去：療癒悲痛與失去的禪修練習 / 一行禪師
（Thich Nhat Hanh）著；何修瑜譯 . -- 初版 . -- 臺北市：
知田出版，福智文化股份有限公司，2022.10
面；　公分
譯自：How to Live When a Loved One Dies: Healing
Meditations for Grief and Loss

ISBN 978-626-95778-3-5（平裝）

1. CST: 禪定　2. CST: 佛教修持

225.72　　　　111014364